MW00913253

Mis primeros descubrimientos

© 1992, Ediciones Hemma
"D. R." © 1993, por Ediciones Larousse, S. A. de C. V.
PRIMERA EDICIÓN. — Primera reimpresión
ISBN: 2-8006-2162-1 (Hemma)
ISBN: 970-607-231-4 (Larousse)
Impreso en México — Printed in Mexico

MIS PRIMEROS DESCUBRIMIENTOS

Texto de Marie Duval
Ilustraciones de Nadine Piette

las horas

los días

los meses

1

HEMMA

LAS HORAS

Las 7

¡Arriba, Óscar, ya es hora de levantarse!
—Buenos días, Mónica, ya voy. . .

AÑANA
Las 7 y media

Primero voy a lavarme la cara. . .
El pequeño panda se asea y se cepilla los
dientes cuidadosamente.

Las 8

¡Qué delicioso está el desayuno!
¡El día empieza bien!

Las 8 y media

¡A la escuela!
El autobús llega siempre a tiempo.

Las 10

¡Ahora vamos a escribir el alfabeto!
—Mira mis letras.
Qué bien escritas están.

Las 11 y media

¡Un ramo de flores siempre nos alegra!
Sigamos nuestro paseo.

Las 12 y media

—¡Voy para arriba, Mónica!
—¡Agárrate bien, hermanito!

Las 2

—¡Los juegos al aire libre despiertan el apetito!
—¡Mmm. . .! ¡Qué sabrosa comida, Mónica!

Las 3

Mónica descansa leyendo un libro.

Después de comer
Óscar duerme la siesta.

Las 5

—Es nuestro programa favorito. ¡Ven Mónica! Te perdiste el comienzo.

Las 6

¡Vamos a jugar un rato, Óscar!

—¡Ah! Un buen baño de espuma. Me voy a ver precioso.
¿No crees patito?

Las 7 y media

Después de tanta actividad se antoja una buena merienda.

Las 8 y media

Ya hace rato que el reloj dio ocho campanadas.
Ahora vamos al país de los sueños. . .

¿A qué hora se encontraban Mónica y
Óscar en el jardín de juegos?
¿Te acuerdas?

¿Recuerdas cuándo tomó su baño Óscar?
¿Fue por la mañana o por la noche?
Dibuja las manecillas en el reloj.

LOS DÍAS

LUNES

Es día de ir al mercado, Óscar y Mónica se preparan para comprar las provisiones de la semana.

LUNES

Una pera, una manzana, una naranja.
La deliciosa ensalada de frutas está lista!

MARTES

¡Es el día de lavar la ropa!

Un calcetín a la izquierda, un pantalón a la derecha y listo.

MARTES

—No te muevas, Óscar, pronto terminaré mi
cuadro.

MIÉRCOLES

Para el cumpleaños de Mónica, hago un enorme pastel de cerezas.

MIÉRCOLES

—Feliz cumpleaños, hermanita. . .
¡Que empiece la fiesta!

JUEVES

Ya es hora de cortar el pasto.

¡Y de regar las hortalizas!
No ha llovido desde hace mucho tiempo.

JUEVES

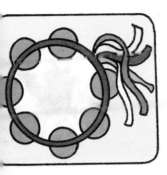

—¡Oh! Qué guitarrista y qué voz. Llevas la música en la sangre.

VIERNES

—Un poco de trabajo manual y nuestro cochecito estará terminado.

VIERNES

—En sus marcas, uno, dos, tres. . .
¡Arrancan!

SÁBADO

Primero limpiamos el polvo,
luego el piso y las ventanas,
y el aseo quedará terminado.

SÁBADO

Un pequeño partido de tenis. ¡Nada mejor
para relajarse!
¡Ahí va la pelota. . . cuidado!

DOMINGO

—Es el momento ideal para ir de día de campo y respirar aire puro.

DOMINGO

—Vamos a dar un paseo por el lago. ¡Hey!
¡Buenos días pescadito!

En el mercado, los puestos están repletos
de rica fruta madura y nuestros dos amiguitos
se apresuran a hacer sus compras.

¿Te acuerdas cuándo es el día de mercado en el pueblo?

ENERO

FEBRERO

MAYO

JUNIO

SEPTIEMBRE

OCTUBRE

LOS MESES

MARZO

ABRIL

JULIO

AGOSTO

OVIEMBRE

DICIEMBRE

ENERO

¡Qué alegría poder jugar en la nieve!

Brrr. . ., hace un frío terrible y los árboles han perdido sus hojas.

FEBRERO

¡Viva el carnaval!

—¡Ven a divertirte con nosotros!

MARZO

Llueve, llueve, pastorcita
guarda tus blancas ovejas. . .

ABRIL

Después de la lluvia, ¡sale el sol!

—¡Pollito, aquí estoy!
¡Ya llegó la primavera!

MAYO

**El sol acude a la cita
y la naturaleza despierta.**

JUNIO

—¡No te comas todas las fresas, glotón!

JULIO

—¡Hey! ¡Deja mi pie!

—¡Felices vacaciones amigos!

AGOSTO

—Una buena ducha fría cae bien
¡Qué calor hace!

SEPTIEMBRE

¡Es el momento de volver a la escuela!
Vamos a entrar, el reloj ya dio las nueve.

OCTUBRE

ebo preparar mis provisiones para el invierno.

Las hojas comienzan a caer.
El otoño ha llegado y el invierno toca
a la puerta.

NOVIEMBRE

Las hojas muertas bailan con el viento.
¡Pronto! ¡Hay que barrerlas!

DICIEMBRE

¡Feliz Navidad, pajaritos!

Qué árbol de Navidad tan hermoso!
cada año estoy un poco más consentido.

LA PRIMAVERA

Ya llegó la primavera.
¡Es la época de las margaritas!

EL VERANO

E	F	M	A	M	J	J	A	S	O	N	D

¡Vivan las vacaciones, el sol, el descanso y el buen tiempo!

EL OTOÑO

| E | F | M | A | M | J | J | A | S | O | N | D |

El viento se lleva las grandes nubes de lluvia.
—Ponte tu bufanda, hace un poco de fresco.

EL INVIERNO

E F **M** A M J J A S O N D

—¡Mira mi muñeco de nieve!
¿No es hermoso?

Dibuja en la ventana tu estación favorita, escribe el día en el calendario y en el reloj la hora que prefieres.